D1926486

HEYNE KOCHBÜCHER

Dr. Oetker

Fisch & Geflügel

50 KLASSIKER

WILHELM HEYNE VERLAG
MÜNCHEN

Vorwort

Hier gibt es nicht nur freitags Fisch. Ob aus See, Fluss oder Meer – fangfrisch kommt der Fisch auf den Tisch und gibt sich hier mal gebraten, mal gedünstet ein Stelldichein.

Und Geflügel ist viel mehr als nur Hähnchen. Ente, Pute, Gans und Wildgeflügel werden Sie in der Küche zu kreativen Höchstleistungen bringen.

Die Rezepte sind einfach zuzubereiten und, soweit nicht anders vermerkt, für 4 Portionen ausgerichtet.

Inhaltsübersicht

Fisch mariniert, pochiert oder gebraten

Gebeizte Forelle mit Dillsauce

Zutaten:

1 küchenfertige Lachsforelle (etwa 1 kg)
2–3 Bund grob gehackter Dill
2 EL grobes Salz
1 EL Zucker
1–2 EL frisch gemahlener, weißer Pfeffer
1 EL Weinbrand

Für die Dillsauce:
4 EL scharfer Senf
1 TL Senfpulver
3 EL Zucker
2 EL Weinessig
5 EL Speiseöl
3 EL gehackter Dill

1. Lachsforelle unter fließendem kalten Wasser abspülen, trockentupfen und in zwei Längshälften teilen. Das Rückgrat entfernen, die Forelle entgräten.

2. Eine Hälfte der Forelle mit der Haut nach unten in eine Schale legen und den Dill darauf verteilen. Salz mit Zucker und Pfeffer vermischen, über den Fisch streuen und nach Belieben mit Weinbrand beträufeln.

3. Die andere Fischhälfte mit der Haut nach oben darauf legen, mit Klarsichtfolie bedecken, darauf ein Brett (größer als der Fisch) legen und mit z. B. 2–3 geschlossenen, gefüllten Konservendosen gleichmäßig beschweren.

4. Forelle an einem kühlen Ort (Kühlschrank) 2–3 Tage stehen lassen, ab und zu mit der sich sammelnden Beize begießen, zwischendurch wenden.

5. Forelle aus der Beize nehmen, in sehr dünne Scheiben geschnitten auf einer Platte anrichten.

6. Für die Dillsauce Senf mit Senfpulver, Zucker und Essig verrühren. Nach und nach Öl unterschlagen, Dill unterrühren und zu dem Fisch reichen.

Beigabe: Toast oder Baguette.

Marinierter Lachs

Zutaten:

1 kg Lachsfilet am Stück
Salz
frisch gemahlener Pfeffer
1 TL Zucker
2 EL Weißweinessig
100 ml Traubenkernöl
2 Bund Dill

Zum Garnieren:
Salatblätter
Kirschtomaten
Dillzweige

1. Lachsfilet unter fließendem kalten Wasser abspülen, trockentupfen, mit einer Pinzette oder einer kleinen Zange von den Gräten befreien.

2. Das Filet mit Salz und Pfeffer sowie einer Prise Zucker würzen. Essig und Öl verrühren und den Lachs damit bestreichen.

3. Dillspitzen abzupfen und etwas klein schneiden. Die Hälfte des Dills in der Größe des Lachsfilets auf eine Platte geben. Das Filet darauf legen und mit dem restlichen Dill bestreuen.

4. Mit Frischhaltefolie abdecken und etwa 48 Stunden an einem kühlen Ort durchziehen lassen, zwischendurch wenden.

5. Dill vor der Weiterverarbeitung vom Lachs abstreifen. Den Lachs mit einem Lachsmesser in dünne Scheiben schneiden und auf gewaschenen, gut abgetropften Salatblättern anrichten und mit halbierten Kirschtomaten und Dillspitzen garnieren.

Zutaten:

20 g Butter
2 EL Zwiebelwürfel
200 ml Fischfond
oder -brühe
4 Kabeljaufilets
(je 150 g)
Salz
frisch gemahlener Pfeffer
100 ml trockener
Weißwein
1 EL körniger Senf
2 EL Crème fraîche
2 EL Schnittlauch-
röllchen

Kabeljau pochiert mit Senfsauce

(Foto)

1. Butter in einer tiefen Pfanne erhitzen, Zwiebelwürfel darin andünsten und mit Fischfond ablöschen.

2. Kabeljaufilets unter fließendem kalten Wasser abspülen, salzen und pfeffern, in den Fischfond geben und etwa 10 Minuten garen, herausnehmen und warm stellen.

3. Den Fond mit Wein und Senf verrühen, zum Kochen bringen, mit Salz und Pfeffer würzen und mit Crème fraîche und Schnittlauchröllchen verfeinern.

4. Den Fisch portionsweise anrichten und mit der Sauce übergießen.

Beilage: Salzkartoffeln, Blattsalat.

Zutaten:

4 enthäutete, entgrätete
Forellenfilets

Für die Marinade:
Saft von 1 Zitrone
2 EL Weinbrand
1 TL Salz
2 TL brauner Rohrzucker
frisch gemahlener Pfeffer
geriebene Muskatnuss
3 EL Pimpinelleblättchen

Für die Saucen:
50 g Crème fraîche
50 g saure Sahne
3 EL geschlagene
Schlagsahne
30 g fein gehackter
Räucherlachs
20 g Sauerampferblätter
Salz

Marinierte Forellen mit Sauerampfer- und Lachsschaum

1. Forellenfilets abspülen, trockentupfen und in eine Schale legen.

2. Für die Marinade Zitronensaft mit Weinbrand, Salz, Rohrzucker verrühren und mit Pfeffer und Muskat würzen.

3. Pimpinelleblättchen abspülen, trockentupfen, die Blättchen von den Stängeln zupfen und zu der Marinade geben. Marinade über die Filets verteilen, mit Frischhaltefolie bedecken und im Kühlschrank einen Tag stehen lassen.

4. Filets aus der Marinade nehmen, abtropfen lassen und auf Portionstellern anrichten.

5. Für die Saucen Crème fraîche mit saurer Sahne verrühren. Schlagsahne unterrühren, die Hälfte der Sauce mit dem Räucherlachs verrühren, mit Pfeffer abschmecken.

6. Sauerampferblätter abspülen, trockentupfen und fein hacken.

7. Die zurückgelassene Hälfte der Sauce mit den gehackten Sauerampferblättern verrühren und mit Salz und Pfeffer abschmecken.

8. Beide Saucen neben den Forellenfilets anrichten und mit Zitronenscheiben und Sauerampferblättern garnieren.

Bratheringe mit Frühlingsgemüse

Zutaten:

40 g Butter
20 g Weizenmehl
200 ml Gemüsebrühe
400 g Erbsen (evtl. tiefgekühlt)
1 EL Senf
Salz, Pfeffer
1 Bund Kerbel

8 küchenfertige grüne Heringe
20 g Weizenmehl
50 g Butter
2 Bund Frühlingszwiebeln
Kerbelblättchen

1. Butter zerlassen, Mehl unter Rühren so lange darin erhitzen, bis es hellgelb ist. Gemüsebrühe nach und nach mit einem Schneebesen unterrühren. Erbsen hinzufügen, mit Senf, Salz, Pfeffer und gehacktem Kerbel würzen, 6–8 Minuten garen.

2. Heringe abspülen, trockentupfen, mit Salz und Pfeffer bestreuen, in Mehl wenden und in der Butter in 6–8 Minuten goldbraun braten.

3. Frühlingszwiebeln putzen, waschen und in grobe Stücke schneiden, etwa 2 Minuten in kochendem Salzwasser blanchieren und abtropfen lassen.

4. Die Bratheringe zusammen mit den Frühlingszwiebeln in eine feuerfeste Form geben, backen.

Ober-/Unterhitze: etwa 200 °C (vorgeheizt)
Heißluft: etwa 180 °C (vorgeheizt)
Gas: Stufe 3–4 (vorgeheizt)
Backzeit: etwa 10 Minuten.

5. Mit Kerbel garnieren, mit den Erbsen servieren.

Seelachs in Schnittlauchbutter

Zutaten:

4 Seelachsfilets (je 150 g)
2 EL Zitronensaft
2 Schalotten
2 Bund Schnittlauch
200 g kalte Butter
Salz
frisch gemahlener Pfeffer
100 ml trockener Weißwein
100 ml Wermut (Noilly Prat)

1. Seelachsfilets unter fließendem kalten Wasser abspülen, trockentupfen und mit Zitronensaft beträufeln.

2. Schalotten abziehen und fein würfeln. Schnittlauch abspülen, trockentupfen und in Röllchen schneiden.

3. 50 g Butter zerlassen, Schalotten darin glasig dünsten. Schnittlauch dazugeben (etwas zum Bestreuen zurücklassen), Fisch mit Salz und Pfeffer würzen und in den Topf legen. Wein und Wermut angießen. Fischfilets 6–8 Minuten garen, herausnehmen und warm stellen.

4. Sud etwas einkochen. Restliche Butter in Flöckchen unterschlagen, bis die Sauce sämig ist. Restlichen Schnittlauch unterrühren.

Beilage: Salzkartoffeln, Möhrengemüse oder Tomatensalat dazu reichen.

Veränderung: Das Gericht kann auch mit anderem Fisch, wie z. B. Rotbarsch-, Schellfisch- oder Viktoriabarschfilet zubereitet werden. Anstatt Schnittlauch eignet sich auch Kerbel oder Petersilie.

Tipp

Anstatt der schlichten Butter kann auch Knoblauch-, Kräuter- oder Steak- und Grillbutter verwendet werden. Der Fisch sollte nur schwach gewürzt werden, wenn gewürzte Butter verwendet wird. Der Schnittlauch kann dann durch gemischte, gehackte Kräuter ersetzt werden.

Zanderfilet im Gemüse-Sahne-Bett

Zutaten:

4 Zanderfilets (je 160 g)
Salz
frisch gemahlener Pfeffer
50 g Butter
1–2 Schalotten
250 g Champignons
375 ml (3/8 l)
trockener Riesling
250 ml (1/4 l) Schlagsahne
150 g (1 Becher)
Crème fraîche
125 g Crème double
Salz
frisch gemahlener Pfeffer
Zitronensaft
10 Stangen Spargel
2 EL gemischte Kräuter
(z. B. Kerbel, Dill,
Basilikum, Petersilie,
Schnittlauch)

1. Zanderfilets unter fließendem kalten Wasser abspülen, trockentupfen, mit Salz und Pfeffer würzen. Butter in einer Pfanne erhitzen, die Fischfilets darin leicht anbraten. Fisch aus der Pfanne nehmen und warm stellen.

2. Schalotten abziehen, würfeln und im Bratfett glasig dünsten.

3. Champignons putzen, mit einem Küchenpapier abreiben, evtl. abspülen und trockentupfen und in Scheiben schneiden. Champignons zu den Schalotten geben, mitdünsten und aus der Pfanne nehmen.

4. Den Bratensatz mit Riesling ablöschen, einkochen lassen.

5. Sahne, Crème fraîche und Crème double zugeben, nochmals um die Hälfte einkochen.

6. Sauce durch ein Sieb passieren, aufmixen. Mit Salz, Pfeffer und Zitronensaft abschmecken.

7. Spargel putzen, schälen und in Stücke schneiden, in Salzwasser in etwa 15 Minuten bissfest kochen.

9. Spargel, Champignons und Zander in die Sauce geben. 5 Minuten bei mäßiger Hitze ziehen lassen.

10. Mit den Kräutern bestreuen und servieren.

Beigabe: Salzkartoffeln und gemischter Blattsalat.

Seelachsfilet auf Sauerkraut

Zutaten:

500 g Sauerkraut
1 Apfel
2 EL Speiseöl
200 ml trockener Weißwein
Salz
frisch gemahlener Pfeffer
1 Prise Zucker

4 Seelachsfilets (je 180 g)
1 EL Zitronensaft
80 g weiche Butter
2 EL Rotisseur-Senf (mit Körnern)
2 EL Schnittlauchröllchen
1 Zwiebel
125 ml (⅛ l) Rieslingwein
150 g Schmand
1 EL mittelscharfer Dijon-Senf

1. Sauerkraut ausdrücken und locker zupfen. Apfel schälen, entkernen und in feine Würfel schneiden.

2. Öl erhitzen, Sauerkraut und Apfelstücke zugeben und mit Wein etwa 20 Minuten zugedeckt dünsten. Mit Salz, Pfeffer und Zucker würzen und in eine gefettete Gratinform füllen.

3. Seelachsfilets unter fließendem kalten Wasser abspülen, trockentupfen, leicht salzen, pfeffern, mit Zitronensaft beträufeln und auf das Sauerkraut legen.

4. Die Hälfte der Butter mit Rotisseur-Senf und Schnittlauch verrühren und auf die Filets streichen. Die Form auf dem Rost in die mittlere Einschubleiste des Backofens schieben.

Ober-/Unterhitze:
etwa 200 °C (vorgeheizt)
Heißluft:
etwa 180 °C (vorgeheizt)
Gas: Stufe 3–4 (vorgeheizt)
Backzeit: etwa 15 Minuten.

5. Inzwischen Zwiebel abziehen, fein hacken und in der restlichen Butter glasig dünsten. Wein zugießen und bei starker Hitze fast ganz verdampfen lassen.

6. Schmand zugeben und leicht cremig einkochen. Dann mit Dijon-Senf würzen und mit Salz und Pfeffer abschmecken. Zum Seelachs servieren.

Beigabe: Salzkartoffeln, Reis oder Bandnudeln.

Tipp

Wer das Sauerkraut würzig mag, kann 1 Lorbeerblatt und 4–5 Wacholderbeeren mitgaren. Die Senfbutter kann auch mit süßem bayrischen Senf verrührt werden.

Zutaten:

4 küchenfertige Forellen
(je etwa 250 g)
Saft von 1 Zitrone
Salz
frisch gemahlener Pfeffer
1 Bund Kerbel
1 Bund Estragon
250 g Steinpilze
1 mittelgroße Zwiebel
3 EL Sonnenblumenöl
1 TL Paprika edelsüß

Kräuterforellen mit Steinpilzfüllung (Foto)

1. Forellen unter fließendem kalten Wasser abspülen, trockentupfen und mit Zitronensaft innen und außen beträufeln. 15 Minuten stehen lassen und trockentupfen. Die Forellen innen mit Salz und Pfeffer würzen.

2. Kerbel und Estragon abspülen, trockentupfen, die Blättchen von den Stängeln zupfen und fein hacken. Im Inneren der Fische die Kräuter verteilen und die Forellen weitere 15 Minuten stehen lassen.

3. Für die Steinpilzfüllung die Steinpilze putzen, evtl. abspülen und in Scheiben schneiden.

4. Die Zwiebel abziehen und fein hacken. 2 Esslöffel Öl erhitzen, die Zwiebel darin glasig dünsten. Die Steinpilzscheiben hinzugeben und 10 Minuten mitdünsten lassen.

5. Mit Paprika und Salz würzen. Die Füllung in den vier Forellen verteilen und mit Rouladennadeln zustecken.

6. Alufolie mit etwas Öl bestreichen. Jeweils eine Forelle darin einpacken.

7. Die Päckchen auf den heißen Grillrost legen. Von jeder Seite 12–15 Minuten grillen.

Zutaten:

1 küchenfertiger Hecht
(etwa 1,5 kg)
Zitronensaft
Salz
150 g fetter Speck
250 g Möhren
250 g Knollensellerie
250 g Porree (Lauch)
250 g Champignons
250 g Rotkohl
50 g zerlassene Butter
frisch gemahlener Pfeffer

Hecht im Gemüsebett

1. Hecht abspülen und trockentupfen, innen und außen mit Zitronensaft beträufeln und trockentupfen. Innen und außen mit Salz würzen, mit Speckscheiben belegen und in eine gefettete Rostbratpfanne setzen.

2. Gemüse putzen, Möhren, Sellerie schälen, alle Gemüse waschen. Das Gemüse in feine Streifen schneiden und um den Fisch legen.

3. Hecht und Gemüse mit Butter beträufeln, mit Salz und Pfeffer bestreuen, abdecken, auf dem Rost in den Backofen schieben.

Ober-/Unterhitze:
200–220 °C (vorgeheizt)
Heißluft:
180–200 °C (nicht vorgeheizt)
Gas:
etwa Stufe 4 (nicht vorgeheizt)
Bratzeit: etwa 60 Minuten.

Beigabe: Butterkartoffeln.

Fischfrikassee

Zutaten:

750 g Fischfilet
2 EL Zitronensaft
Salz, Pfeffer

Für die Sauce:
30 g Butter
35 g Weizenmehl
500 ml (½ l) Gemüsebrühe oder Fischfond
1 EL Kapern, Zitronensaft
Paprika edelsüß
2 Eigelb (Größe M)
3 EL Weißwein
Zitronenviertel
Petersilie
Tomatenachtel
gehackte Petersilie

1. Fischfilet abspülen, trockentupfen, mit Zitronensaft beträufeln, salzen und pfeffern und in nicht zu kleine Stücke schneiden.

2. Für die Sauce Butter zerlassen, Mehl unter Rühren so lange darin erhitzen, bis es hellgelb ist. Brühe oder Fischfond unter Rühren mit dem Schneebesen hinzugießen, dabei darauf achten, dass keine Klümpchen entstehen.

3. Die Sauce zum Kochen bringen, den Fisch hineingeben, Kapern hinzufügen, mit Salz, Zitronensaft und Paprika würzen. Den Fisch in 6–8 Minuten gar ziehen lassen. Eigelb mit Wein verschlagen, die Sauce damit abziehen, evtl. nochmals mit Salz und Zitronensaft abschmecken. Die Sauce nicht mehr kochen.

4. Das Frikassee mit Zitronenvierteln, Petersilie und Tomatenachteln garnieren und mit Petersilie bestreuen.

Zutaten:

100 g durchwachsener Speck
30 g Butter
1 Stange Porree (Lauch)
250 g Champignons
150 g TK-Erbsen
Salz
frisch gemahlener Pfeffer
1 EL Tomatenmark
2 EL Weizenmehl
125 ml (⅛ l) Fischfond oder -brühe
250 ml (¼ l) Schlagsahne
600 g küchenfertiger Seeaal
2 EL Zitronensaft
1 EL gehackte Petersilie

Helgoländer Fischtopf (Foto)

1. Speck in Würfel schneiden, mit der Butter auslassen.

2. Porree putzen, in Ringe schneiden und waschen. Champignons putzen, mit Küchenpapier abreiben, evtl. abspülen und in Scheiben schneiden.

3. Die vorbereiteten Zutaten mit den Erbsen zu dem Speck geben, etwa 5 Minuten dünsten. Mit Salz und Pfeffer würzen.

4. Tomatenmark und Mehl unterrühren, mit Fischfond und Sahne auffüllen, zum Kochen bringen und etwa 5 Minuten kochen lassen.

5. Aal unter fließendem kalten Wasser abspülen, trockentupfen, in 2–3 cm große Stücke schneiden, salzen und pfeffern und mit Zitronensaft beträufeln. Den Fisch auf das Gemüse legen und etwa 10 Minuten ziehen lassen. Mit Petersilie bestreuen.

Zutaten:

4 küchenfertige Seezungen (je 300 g)
1 Ei (Größe M)
2 EL Semmelbrösel
1 EL Weizenmehl
1 EL Milch
Salz, Pfeffer
Saft von 1 Zitrone
40 g Butter

Für die Füllung:
30 g Butter
20 g Weizenmehl
250 ml (¼ l) Fischfond
100 ml Schlagsahne
Zitronensaft
1 Dose (250 g) Champignonköpfe
100 g Garnelen
1 Bund Dill
20 rosa Pfefferkörner

Gefüllte Seezunge (Foto Seite 4)

1. Seezungen unter fließendem kalten Wasser abspülen, trockentupfen, an der Mittelgräte vom Kopf bis zum Schwanz zu beiden Seiten mit einem Messer lösen und nach außen aufschlagen, so dass eine Tasche entsteht.

2. Ei verquirlen, mit Semmelbröseln und Mehl verrühren und mit Milch glatt rühren.

3. Die Seezungen mit Salz, Pfeffer und Zitronensaft würzen und in der Eipanade wenden.

4. Butter zerlassen, Seezungenfilets darin goldgelb braten, aus der Pfanne nehmen und warm stellen.

5. Für die Füllung Butter zerlassen, Mehl darin anschwitzen, mit Fischfond auffüllen und unter Rühren etwa 5 Minuten kochen lassen. Mit Sahne verfeinern, mit Salz, Pfeffer und Zitronensaft abschmecken. Abgetropfte Champignonköpfe und Garnelen in der Sauce erhitzen.

6. Seezungenfilets auf einer Platte anrichten. Füllung in die Taschen geben, evtl. übrige Füllung dazu reichen.

7. Dill waschen, trockentupfen, fein hacken, über die Seezungenfilets geben und mit rosa Pfefferkörnern garnieren.

Schellfischfilet mit Kräuterbutter und Selleriesalat

Zutaten:

Für den Salat:
300 g Knollensellerie, in feinen Streifen
1 EL Zitronensaft
2 EL Weißweinessig
3 EL Speiseöl
Salz
frisch gemahlener Pfeffer
1 TL mittelscharfer Senf

Für die Kräuterbutter:
125 g weiche Butter
4 EL gehackte Kräuter, z. B. Kerbel, Petersilie, Dill, Schnittlauch

4 Schellfischfilets (je 180 g, ohne Haut und Gräten)
30 g Butter
2 EL Schalottenwürfel
400 ml Fischfond oder Gemüsebrühe
Zitronensaft

1. Selleriestreifen in kochendem, mit Zitronensaft versehenem Wasser etwa 2 Minuten blanchieren, in ein Sieb gießen und gut abtropfen lassen.

2. Aus Essig, Öl, Salz, Pfeffer und Senf ein pikantes Dressing bereiten, abgetropfte Selleriestreifen dazugeben und etwa 15 Minuten ziehen lassen.

3. Für die Kräuterbutter Butter mit Kräutern, Salz und Pfeffer verrühren, in einen Spritzbeutel geben, kleine Rosetten spritzen und kühl stellen.

4. Fischfilets unter fließendem kalten Wasser abspülen und trockentupfen.

5. Butter in einer Pfanne erhitzen, Schalottenwürfel darin andünsten, Fischfilets hineinsetzen, Fischfond angießen und den Fisch darin etwa 8 Minuten garen.

6. Fisch herausnehmen, mit Salz, Pfeffer und Zitronensaft würzen, anrichten, mit Kräuterbutter belegen und mit Selleriesalat servieren.

Beigabe: Risotto oder Kartoffelgratin.

Tipp

Anstatt Selleriesalat kann auch ein Möhrensalat nach dem gleichen Rezept zubereitet werden. Zur Abrundung des Geschmacks sollte etwas Honig oder Zucker zugegeben werden.

Heilbutt „Gärtnerin"

Zutaten:

4 Heilbuttscheiben
(je 200 g)
1 EL Zitronensaft
Salz
250 g Erbsen und Möhren
(aus der Dose) oder TK
aufgetaut
250 g Stangenspargel
(aus der Dose)
30 g zerlassene Butter

Für die Champignonsauce:
1 kleine Zwiebel
200 g Champignons
20 g Butter oder
Margarine
2 EL Weizenmehl
5 EL Schlagsahne
frisch gemahlener Pfeffer

1. Heilbuttscheiben unter fließendem kalten Wasser abspülen, trockentupfen, mit Zitronensaft beträufeln und mit Salz bestreuen. Die Heilbuttscheiben in den gewässerten Römertopf legen.

2. Erbsen, Möhren und Stangenspargel abtropfen lassen. 250 ml (¼ l) Flüssigkeit auffangen, evtl. mit Gemüsebrühe ergänzen. Erbsen und Möhren um den Fisch legen, den Spargel darüber verteilen, mit Salz bestreuen und mit zerlassener Butter übergießen.

3. Den Römertopf mit dem Deckel verschließen und in den kalten Backofen stellen.

Ober-/Unterhitze: 200–220 °C
Heißluft: 180–200 °C
Gas: etwa Stufe 4
Backzeit: etwa 50 Minuten.

4. Für die Champignonsauce die Zwiebel abziehen und würfeln. Die Champignons putzen, mit Küchenpapier abreiben, evtl. abspülen, in Scheiben schneiden.

5. Butter zerlassen, Champignons dazugeben, durchdünsten, mit Mehl bestäuben, Gemüseflüssigkeit hinzugießen und mit einem Schneebesen durchschlagen.

6. Die Sauce zum Kochen bringen, etwa 10 Minuten kochen lassen, Sahne hinzugießen, mit Salz und Pfeffer abschmecken.

7. Fisch und Gemüse auf einer vorgewärmten Platte anrichten, die Sauce getrennt dazureichen.

Beigabe: Petersilienkartoffeln.

Forelle Müllerin (Foto)

Zutaten:

4 küchenfertige Forellen
(je 200 g)
Zitronensaft
Salz
40 g Weizenmehl
4 EL Speiseöl
50 g Butter
2 EL Zitronensaft
evtl. 1 EL Worcestersauce
gehackte Petersilie
Zitronenscheiben

1. Forellen unter fließendem kalten Wasser abspülen, trockentupfen, innen und außen mit Zitronensaft beträufeln, trockentupfen, mit Salz würzen und in Mehl wenden.

2. Öl erhitzen, die Fische von beiden Seiten darin etwa 8 Minuten braten, das Öl abgießen.

3. Butter zu den Fischen geben, zerlassen, die Fische in dem Butterschaum wenden, auf einer vorgewärmten Platte anrichten und warm stellen. Die Butter mit Zitronensaft und nach Belieben mit Worcestersauce verrühren, über die Forellen verteilen.

4. Mit Petersilie und Zitronenscheiben garniert servieren.

Beilage: Butterkartoffeln, Blattsalate.

Barsch in Kräutersauce

Zutaten:

2 Barsche (etwa 1,5 kg)
verdünnte Essigessenz
(25 %) oder Saft von
2 Zitronen
1 Möhre
2 Zwiebeln
1,5 l Wasser
1 Lorbeerblatt
10 Pfefferkörner
1 EL Essigessenz (25 %)
1 EL Salz

Für die Kräutersauce:
40 g Butter
40 g Weizenmehl
250 ml (¼ l) Schlagsahne
1 Eigelb (Größe M)
1–2 EL kaltes Wasser
Salz
frisch gemahlener Pfeffer
2 Bund fein gehackte
Petersilie

1. Barsche schuppen, ausnehmen, Kopf und Flossen entfernen und unter fließendem kalten Wasser abspülen, trockentupfen und mit verdünnter Essigessenz oder Zitronensaft beträufeln.

2. Möhre putzen, schälen, waschen und in Würfel schneiden. Zwiebeln abziehen und halbieren.

3. Wasser mit Möhre, Zwiebeln, Lorbeerblatt, Pfefferkörnern, Essigessenz und Salz zum Kochen bringen. Die Fische in das schwach kochende Wasser geben, 15–20 Minuten darin ziehen lassen, herausnehmen und warm stellen.

4. Für die Sauce die Fischbrühe durch ein Sieb gießen und 250 ml (¼ l) davon abmessen.

5. Butter zerlassen, Mehl unter Rühren hellgelb anschwitzen. Die Fischbrühe unter Rühren mit dem Schneebesen dazugießen, dabei darauf achten, dass keine Klümpchen entstehen. Zum Kochen bringen und etwa 5 Minuten kochen lassen.

6. Sahne unterrühren und weitere 2–3 Minuten kochen lassen. Eigelb mit kaltem Wasser verschlagen und die Sauce damit abziehen, salzen und pfeffern.

7. Petersilie unter die Sauce rühren. Die Sauce über die Barsche gießen oder getrennt dazu reichen.

Zutaten:

1 kg küchenfertige, grüne Heringe
2 EL Weizenmehl
Salz
frisch gemahlener Pfeffer
5 EL Speiseöl

Gebratene grüne Heringe (Foto)

1. Heringe unter fließendem kalten Wasser abspülen und trockentupfen.

2. Mehl mit Salz und Pfeffer mischen, Heringe darin wenden. Öl erhitzen und die Heringe von beiden Seiten darin 6–8 Minuten braten.

Beilage: Bratkartoffeln, Kartoffelsalat oder Pellkartoffeln und Kräuterschmand.

Veränderung: Die Bratheringe einlegen. Dafür 2 Zwiebeln abziehen, in Scheiben schneiden und mit den gebratenen Heringen, 1 EL Senfkörnern, 8 Pfefferkörnern und einigen Pimentkörnern in einen Steintopf legen. 250 ml (¼ l) Kräuteressig mit 125 ml (⅛ l) Wasser verrühren und darüber gießen. Die Heringe kühl stellen, nach 4–6 Tagen sind sie essfertig.

Zutaten:

1 küchenfertiger Karpfen (etwa 1 ¼ kg)
Salz
1 geschälte Kartoffel
500 ml (½ l) kochend heißes Essigwasser
50 g zerlassene Butter

Karpfen blau

1. Karpfen unter fließendem kalten Wasser abspülen, innen mit Salz einreiben, aber nicht von außen salzen, da sonst der Schleim, der die Blaufärbung hervorruft, verletzt wird.

2. Karpfen auf dem Rost auf eine geschälte, rohe Kartoffel setzen. Den Rost auf die Fettfangschale stellen. Mit dem kochenden Essigwasser übergießen.

3. Den Karpfen in eine gefettete, feuerfeste Form setzen. Auf dem Rost in den Backofen schieben und dünsten.

Ober-/Unterhitze:
180–200 °C (vorgeheizt)
Heißluft:
160–180 °C (nicht vorgeheizt)
Gas: Stufe 3–4 (nicht vorgeheizt)
Dünstzeit: 40–50 Minuten.

4. Der Karpfen ist gar, wenn sich die Rückenflosse leicht herausziehen lässt. Fünf Minuten vor Beendigung der Dünstzeit den Karpfen mit zerlassener Butter übergießen.

5. Den Karpfen sofort servieren.

Beilage: Salzkartoffeln, zerlassene, leicht gebräunte Butter oder Hollandaise und Kopfsalat.

Maischolle auf geschmorten Gartengurken

Zutaten:

Für die geschmorten Gurken:
2 Gartengurken
(je 300 g)
2 Tomaten
1 Bund Dill
80 g kalte Butter
Salz
frisch gemahlener Pfeffer

4 Maischollen (je 300 g)
Saft von 1 Zitrone
Salz
frisch gemahlener Pfeffer
40 g Weizenmehl
120 g durchwachsener Speck
2 EL Speiseöl
100 g Butter
160 g gepulte Büsumer Krabben
2 EL gehackte Petersilie

1. Gurken schälen, der Länge nach halbieren und mit einem Löffel vom Kerngehäuse befreien. Mit dem Bundmesser in ½ cm dicke Scheiben schneiden. Tomaten in kochendem Wasser blanchieren und in Eiswasser abschrecken, die Tomaten enthäuten, vierteln, Stängelansätze herausschneiden, entkernen und in ½ cm große Würfel schneiden.

2. Dill abspülen, trockentupfen und fein schneiden. 30 g Butter in einer Pfanne zerlassen und die Gurken dazugeben. Mit 2 Esslöffeln Wasser ablöschen, salzen und pfeffern und zugedeckt 5 Minuten dünsten lassen, mit 50 g kalter Butter binden und geschnittenen Dill dazugeben. Zum Schluss die Tomatenwürfel unterschwenken.

3. Schollen säubern und gut auswaschen. Haut mit einem scharfen Messer einritzen, mit Zitronensaft, Salz und Pfeffer würzen. Schollen in Mehl wenden. Speck in Streifen schneiden.

4. Öl in einer Pfanne erhitzen, Speck darin auslassen und die Schollen darin von beiden Seiten in etwa 15 Minuten goldgelb braten. Dann Butter und Krabben dazugeben, mit Zitronensaft ablöschen und zum Schluss gehackte Petersilie hineingeben. Schollen im Ganzen auf den geschmorten Gurken servieren.

Beilage: Salzkartoffeln.

Tipp

Anstatt der ganzen Schollen, können auch 12 Schollenfilets frisch oder TK-Ware verwendet werden. Die Bratzeit verkürzt sich auf 5–6 Minuten.

Fisch gegrillt & überbacken

Knusprige Grillfische

Zutaten:

4 küchenfertige Forellen
Salz
frisch gemahlener Pfeffer
½ Zitrone (unbehandelt)
4 Estragonzweige
4 Petersilienstängel
4 Lorbeerblätter
2 Knoblauchzehen
2 Lorbeerblätter
125 ml (⅛ l) Speiseöl
Kräuter der Provence

1. Fische unter fließendem kalten Wasser abspülen, trockentupfen, innen mit Salz und Pfeffer einreiben.

2. Zitrone in 4 dünne Spalten schneiden. Kräuter abspülen und trockentupfen.

3. Jeden Fisch mit 1 Zitronenspalte, 1 Estragonzweig, 1 Petersilienstängel und einem Lorbeerblatt füllen. Fische in Grillkörbe legen.

4. Knoblauch abziehen, fein hacken, durch die Knoblauchpresse drücken. Lorbeerblätter fein zerbröseln, mit Öl verrühren, Knoblauch hinzufügen und mit Kräutern der Provence würzen.

5. Fische mit der Ölmischung bestreichen, auf den heißen Grillrost legen, etwa 18 Minuten grillen, zwischendurch wenden und mit der Ölmischung bestreichen.

Beilage: Paprikasalat.

Tipp

Für die Grillfische können auch Makrelen verwendet werden. Estragon kann durch Dill-, Rosmarin- oder Thymianzweige ersetzt werden.

Zutaten:

4 Heilbuttschnitten
(je 180 g)
Salz
frisch gemahlener Pfeffer
Saft von 1 Zitrone
500 g Zucchini
250 g Gemüsezwiebeln
250 g Tomaten
4 EL Olivenöl
Thymian
Basilikum
Oregano
2 EL Speiseöl
halbierte, mit Paprika
gefüllte, spanische Oliven
Zitronenscheiben

Heilbutt vom Grill

1. Heilbuttschnitten unter fließendem kalten Wasser abspülen, trockentupfen, mit Salz und Pfeffer bestreuen und mit Zitronensaft beträufeln.

2. Zucchini waschen, die Enden abschneiden und in etwa 1 cm dicke Scheiben schneiden.

3. Gemüsezwiebeln abziehen und in Ringe schneiden. Tomaten kurze Zeit in kochendes Wasser legen, in kaltem Wasser abschrecken, enthäuten, Stängelansätze herausschneiden, Tomaten vierteln und entkernen.

4. 2 Esslöffel Olivenöl erhitzen, die Zucchinischeiben unter ständigem Rühren so lange darin anbraten, bis sie hellbraun sind, herausnehmen. Restliches Öl erhitzen, Zwiebelringe dazugeben, etwa 8 Minuten dünsten lassen, Tomaten und Zucchini hinzufügen, mit Salz, Pfeffer, Thymian, Basilikum und Oregano würzen, erhitzen. Das Gemüse warm stellen.

5. Heilbuttschnitten mit Öl bestreichen, auf den Rost legen, unter den vorgeheizten Grill schieben, jede Seite 6–7 Minuten grillen, mit Salz und Pfeffer würzen.

6. Das Gemüse mit den Heilbuttscheiben auf einer vorgewärmten Platte oder auf Tellern anrichten, mit Oliven und Zitronenscheiben garnieren.

Beigabe:
Warmes Baguette oder Ciabatta.

Tipp

Zum Grillen eignet sich am besten der weiße Heilbutt, weil er ein festeres Fleisch hat als der schwarze Heilbutt.

Gegrillter Rotbarsch mit Rotweinschalotten

Zutaten:

Für die Rotweinschalotten:
350 g Schalotten
20 g Butter
1 EL Zucker
Salz
frisch gemahlener Pfeffer
200 ml Rotwein
100 ml Gemüsefond

4 Rotbarschfilets
(etwa 600 g)
etwas Zitronensaft
etwas Speiseöl

Zum Garnieren:
glatte Petersilie

1. Für die Rotweinschalotten die Schalotten mit kochendem Wasser überbrühen, abgießen, abziehen, vierteln, in Butter anbraten, Zucker darüber streuen und karamellisieren, salzen, pfeffern und mit Rotwein und Gemüsefond etwa 15 Minuten kochen lassen.

2. Die Rotbarschfilets unter fließendem kalten Wasser abspülen, trockentupfen, mit Salz und Pfeffer bestreuen und mit Zitronensaft beträufeln.

3. Die Filetstücke mit Öl bestreichen und in einer beschichteten Grillpfanne von jeder Seite etwa 6 Minuten garen.

4. Die Rotbarschfilets mit den Rotweinschalotten anrichten und mit Petersilienblättchen garnieren.

Beilage: Salzkartoffeln, Chicorée- oder Feldsalat.

Veränderung: Anstatt Rotbarsch eignet sich auch sehr gut Viktoriabarsch, Schellfisch oder Kabeljau.

Tipp

Zum Grillen sollte man dickere Filets nehmen, sie lassen sich leichter wenden.

Gegrillter Aal auf Thymian

Zutaten:

1 kg küchenfertiger
grüner Aal
Salz
frisch gemahlener Pfeffer
3 EL Speiseöl
Thymianzweige

Zitronenspalten
Petersilie
Tomatenachtel
Salatblätter

1. Aal unter fließendem kalten Wasser abspülen, trockentupfen, in Portionsstücke schneiden, mit Salz und Pfeffer würzen.

2. Den Rost von einem Holzkohlengrill mit Öl bestreichen und mit Thymianzweigen belegen.

3. Die Fischstücke auf den Rost legen und von jeder Seite 3–4 Minuten grillen. Die Fischstücke mit Zitronenspalten, Petersilie, Tomaten und Salat garnieren.

Beigabe: Bauernbrot, gemischter Salat.

Veränderung: Zum Grillen auf Thymian eignet sich auch gut Seeaal. Allerdings erhöht sich die Grillzeit um einige Minuten, da er dickfleischiger ist als der grüne Aal.

Seefischgratin auf Gemüsebett

Zutaten:

200 g Rotbarschfilet
200 g Kabeljaufilet
200 g Seelachsfilet
Saft von 1 Zitrone
Salz
frisch gemahlener Pfeffer
2 EL Delikatess-Senf
125 ml (1/8 l) Milch
125 ml (1/8 l) Fischfond
heller Saucenbinder
Zucker
4 Möhren (etwa 400 g)
2 Stangen (etwa 300 g) Porree (Lauch)
½ Bund glatte Petersilie
2 EL Crème fraîche

1. Fischfilets unter fließendem kalten Wasser abspülen, trockentupfen, jeweils in Stücke schneiden, mit Zitronensaft beträufeln, salzen und pfeffern.

2. Senf, Milch und Fischfond erhitzen, mit Saucenbinder binden und mit Salz, Pfeffer und Zucker würzen, warm stellen.

3. Die Möhren putzen, schälen, waschen und in feine Scheiben schneiden.

4. Porree putzen, waschen und in dünne Ringe schneiden.

5. Die Möhren 4 Minuten, den Porree 2 Minuten blanchieren, auf einem Sieb abtropfen lassen und in eine längliche Auflaufform füllen. Die Fischstücke auf dem Gemüse verteilen.

6. Die Petersilie abspülen, die Blätter von den Stielen zupfen, fein hacken und unter die Sauce mischen.

7. Die Sauce über den Fisch gießen, Crème fraîche auf den Fischstücken verteilen.

8. Die Form auf dem Rost in den Backofen schieben.

Ober-/Unterhitze:
etwa 220 °C (vorgeheizt)
Heißluft:
etwa 200 °C (vorgeheizt)
Gas: Stufe 4–5 (vorgeheizt)
Garzeit: etwa 15 Minuten.

Beigabe: Salzkartoffeln.

Tipp

Anstatt drei Sorten Fisch zu verwenden, kann das Gratin auch nur mit einer Sorte zubereitet werden.

Fischfilet, überbacken mit Curryreis

Zutaten:

Für den Curryreis:
etwa 300 g (2 Tassen) Brühreis
600 ml (4 Tassen) heißes Salzwasser
20 g Butter
1 EL Currypulver

Für den Fisch:
400 g Fischfilet, z. B. Kabeljau
Saft von 1 Zitrone
Salz
2 Zwiebeln
4 Scheiben gekochter Schinken
20 g Butter
5 Tomaten
200 g Champignons
1 Bund fein geschnittener Schnittlauch
1 Bund gehackter Dill
1 Bund fein gehackte Petersilie
frisch gemahlener Pfeffer
Paprika edelsüß
Streuwürze
150 g Joghurt
125 g Crème double
2 EL Semmelbrösel
100 g Emmentaler Käse
20 g Butter

1. Für den Curryreis Brühreis mit Salzwasser und Butter in eine runde, feuerfeste Form geben, mit Currypulver verrühren und die Form mit dem Deckel verschließen.

2. Die Form mit dem Curryreis in den Backofen schieben.

Ober-/Unterhitze:
etwa 200 °C (vorgeheizt)
Heißluft:
etwa 180 °C (nicht vorgeheizt)
Gas: Stufe 3–4 (nicht vorgeheizt)
Backzeit: etwa 45 Minuten.

3. Für den Fisch Fischfilet unter fließendem kalten Wasser abspülen, trockentupfen, mit dem Zitronensaft beträufeln und salzen.

4. Zwiebeln abziehen. Zwiebeln und Schinken in Würfel schneiden. Butter in einer Pfanne zerlassen und die Zwiebelwürfel andünsten. Tomaten waschen, abtrocknen, Stängelansätze entfernen, in Scheiben schneiden. Champignons putzen, mit Küchenpapier abreiben, evtl. abspülen, trockentupfen, in Scheiben schneiden, mit Schnittlauch, Dill, Petersilie, Pfeffer, Paprika, Streuwürze und Salz verrühren.

5. Eine längliche, feuerfeste Form mit Butter fetten und das Fischfilet hineinlegen. Schinken, Zwiebeln, Champignons und Tomatenscheiben darauf schichten, mit Salz und Pfeffer bestreuen, Joghurt und Crème double verrühren und den Auflauf damit übergießen. Semmelbrösel und geriebenen Käse darüber streuen und Butter in Flöckchen darauf setzen.

6. Nach 15 Minuten den Fisch zu dem Reis in den Backofen stellen und beides fertig garen.

Brasse aus dem Backofen

Zutaten:

2 küchenfertige Brassen
(je etwa 750 g)
Salz, Pfeffer
1 große Zwiebel
2 große Tomaten
1 Zitrone (unbehandelt)
Butter zum Einfetten
150 ml trockener Weißwein
50 g Butterflöckchen
1 Bund glatte Petersilie

1. Fisch unter fließendem kalten Wasser abspülen, trockentupfen und mit Salz und Pfeffer würzen.

2. Zwiebel abziehen und in feine Würfel schneiden. Tomaten waschen, kurze Zeit in kochendes Wasser legen, kalt abschrecken und enthäuten, die Stängelansätze entfernen und in Scheiben schneiden. Zitrone heiß abwaschen und ungeschält in feine Scheiben schneiden.

3. Eine Form mit Butter ausfetten. Dann die Zwiebelwürfel, die Hälfte der Tomatenscheiben und die Zitronenscheiben in der Form verteilen, mit Wein übergießen, salzen. Den Fisch auf das Gemüsebett legen. Die restlichen Tomatenscheiben auf den Fisch legen. Alles mit Butterflöckchen bedecken. Die Form ohne Deckel auf dem Rost in den Backofen schieben.

Ober-/Unterhitze: etwa 200 °C (vorgeheizt)
Heißluft: etwa 180 °C (vorgeheizt)
Gas: Stufe 3–4 (vorgeheizt)
Backzeit: etwa 30–45 Minuten.

4. Abgespülte Petersilie fein hacken. Vor dem Servieren den Fisch nochmals mit dem Sud beschöpfen und mit Petersilie bestreuen.

Gerichte mit Hähnchen & Pute

Hähnchen mit Honig, gebraten

Zutaten:

1 Hähnchen (1,2 kg)

Für die Marinade:
3 EL flüssiger Honig
5 EL Orangensaft
1 EL scharfer Senf
1–2 TL Sojasauce
½ TL weißer Pfeffer
3 EL Speiseöl
Wasser oder
Hühnerbrühe
Thymianzweige

1. Hähnchen innen und außen unter fließendem kalten Wasser abspülen, trockentupfen und in 8 Portionsstücke teilen.

2. Für die Marinade Honig mit Orangensaft, Senf, Sojasauce und Pfeffer gut verrühren.

3. Hähnchenteile mit der Marinade bestreichen und etwa 2 Stunden durchziehen lassen, ab und zu wenden.

4. Öl in einem Bratentopf erhitzen, die gut abgetropften Hähnchenteile von allen Seiten gut darin anbraten, die Marinade hinzugießen, in 30–45 Minuten langsam garen und von Zeit zu Zeit wenden, verdunstete Flüssigkeit durch Wasser oder Hühnerbrühe ersetzen.

5. Das gare Hähnchen mit Thymianzweigen garnieren.

Beigabe: Reis, Fenchel-Orangensalat.

Tipp

Eine orientalische Note bekommt das Hähnchen, wenn die Marinade anstatt mit Sojasauce mit je 1 Msp. gemahlenem Zimt, Ingwer und Koriander gewürzt wird.

Huhn à la Tante Martine

Zutaten:

1 küchenfertiges junges Huhn (etwa 1,2 kg)
Salz
frisch gemahlener Pfeffer
2 Zwiebeln
50 g durchwachsener Speck
1 EL Speiseöl
4 cl Cognac oder Weinbrand
100 ml Rotwein
100 ml Geflügelbrühe
4 Knoblauchzehen
½ Bund Thymian
50 g schwarze Oliven
50 g Walnusskerne
1 Lorbeerblatt
1 Nelke

1. Huhn unter fließendem kalten Wasser abspülen, trockentupfen, mit Salz und Pfeffer würzen und in den gewässerten Römertopf geben.

2. Zwiebeln abziehen, Speck und Zwiebeln würfeln und in dem erhitzten Öl anbraten. Mit Cognac oder Weinbrand übergießen und flambieren. Den Bratenfond mit Rotwein und Geflügelbrühe aufgießen, aber nicht weiter erhitzen. Das Huhn mit der Sauce übergießen.

3. Knoblauch abziehen und längs halbieren. Thymian abspülen, zusammen mit Knoblauch, Oliven, Walnusskernen, Lorbeerblatt und Nelke in den Römertopf geben. Den Römertopf mit dem Deckel verschließen und auf dem Rost in den kalten Backofen schieben.

Ober-/Unterhitze: etwa 200 °C
Heißluft: etwa 180 °C
Gas: Stufe 3–4
Garzeit: etwa 70 Minuten.

Beilage: Kartoffelkroketten oder Reis und Butterböhnchen.

Tipp

Wenn Kinder mitessen, kann das Gericht anstatt mit Rotwein mit Orangen- oder Apfelsaft zubereitet werden. Cognac oder Weinbrand wird nicht verwendet. Zusätzliches Aroma geben 2–3 Streifen von 1 unbehandelten Orange oder 1–2 Rosmarinzweige.

Zutaten:

1 großes Suppenhuhn (etwa 2,2 kg)
1 Tomate
1 Zwiebel
3 Nelken
5 Pimentkörner
1 Lorbeerblatt
1 Bund Suppengrün

Für die Sauce:
60 g Butter
60 g Weizenmehl
1 l Hühnerbrühe
150 ml Weißwein
Salz
frisch gemahlener Pfeffer
Zitronensaft
Zucker
1 Dose (etwa 250 g) Spargel
1 Dose (etwa 200 g) Champignons
3 EL Kapern
2 Eigelb (Größe M)

Hühnerfrikassee (6–8 Portionen)

1. Huhn unter fließendem kalten Wasser abspülen. Etwa 2 ½ Liter Salzwasser in einem großen Topf erhitzen, das Huhn dazugeben. Tomate abspülen, den Stängelansatz herausschneiden und die Tomate in Würfel schneiden.

2. Zwiebel abziehen, mit Tomatenwürfeln, Nelken, Pimentkörnern und Lorbeerblatt zu dem Huhn geben. Suppengrün putzen, waschen, klein schneiden und ebenfalls zugeben. Alles zum Kochen bringen, ab und zu abschäumen und das Huhn in etwa 2 Stunden gar kochen lassen.

3. Das Huhn herausnehmen, von Haut und Knochen befreien, das Fleisch in Würfel schneiden. Die Brühe durch ein Sieb geben und entfetten. 1 l von der Brühe abmessen.

4. Für die Sauce Butter in einem Topf zerlassen, Mehl unter Rühren mit einem Schneebesen hinzugeben und so lange erhitzen, bis die Masse hellgelb ist. Hühnerbrühe und Wein nach und nach dazugießen, zum Kochen bringen und etwa 5 Minuten kochen lassen.

5. Die Sauce mit Salz, Pfeffer, Zitronensaft und Zucker abschmecken. Spargel und Champignons abtropfen lassen. Den Spargel in Stücke und die Champignons in Scheiben schneiden.

6. Kapern, Spargelstücke und Champignonscheiben mit dem Hühnerfleisch in die Sauce geben und erhitzen. Eigelb mit etwas Sauce verrühren und unter das Frikassee geben (nicht mehr kochen lassen).

Beilage: Zu dem Hühnerfrikassee Bouillonreis und Kopfsalat reichen.

Tipp

Die restliche Hühnerbrühe für eine Gemüsesuppe verwenden. Die Brühe lässt sich auch gut einfrieren.

Pikante Hähnchen-keulen im Gemüsebett

Zutaten:

4 Hähnchenkeulen
(je 200 g)
2 EL Weißweinessig
3 EL Sojasauce
3 EL Haselnussöl
3 EL Sherry
Salz
frisch gemahlener Pfeffer
2 Msp. Cayennepfeffer
etwas Zucker

Für das Gemüsebett:
4 Kartoffeln
(fest kochend)
etwas Wasser
etwas Ingwerpulver
2 EL Speiseöl
50 g Zuckerschoten
1 Pck. (300 g) TK-Erbsen
2 rote Zwiebeln
1 Bund
Frühlingszwiebeln

1. Hähnchenkeulen unter fließendem kalten Wasser abspülen, trockentupfen und in einer Marinade aus Essig, Sojasauce, Öl, Sherry, Salz, Pfeffer, Cayennepfeffer und Zucker über Nacht einlegen.

2. Das Fleisch aus der Marinade herausnehmen, die Marinade beiseite stellen, die Hähnchenkeulen in einem erhitzten Bräter leicht anbraten und in den Backofen schieben.

Ober-/Unterhitze:
etwa 200 °C (vorgeheizt)
Heißluft:
etwa 180 °C (vorgeheizt)
Gas: Stufe 3–4 (vorgeheizt)
Bratzeit: etwa 30 Minuten.

3. In der Zwischenzeit für das Gemüse die Kartoffeln schälen, halbieren und in Scheiben schneiden. Etwas Wasser mit Salz und Ingwerpulver zum Kochen bringen, Kartoffelscheiben 8–10 Minuten kochen, abgießen, in Öl anbraten.

4. Zuckerschoten waschen, die Enden abschneiden, Zuckerschoten mit Erbsen in wenig Salzwasser etwa 5 Minuten garen.

5. Zwiebeln abziehen, halbieren und in Scheiben schneiden. Frühlingszwiebeln putzen und in 3–4 cm lange Stücke schneiden.

6. Zwiebeln und Frühlingszwiebeln in etwas Salzwasser 2 Minuten garen, das gegarte Gemüse auf ein Sieb geben und abtropfen lassen. Die garen Hähnchenkeulen aus dem Bräter nehmen und warm stellen. Die Marinade von den Hähnchenkeulen und das Gemüse verrühren, in den Bräter mit dem Bratenfett geben, durchschwenken, mit Salz abschmecken.

7. Die garen Kartoffeln ebenfalls unter das Gemüse heben, die Zutaten unter vorsichtigem Rühren erhitzen und mit den Keulen anrichten.

Beigabe: Warmes Baguette.

Zitronenhuhn (6 Portionen)

Zutaten:

4 Hähnchenbrustfilets mit Haut
4 Hähnchenkeulen ohne Rückenstück
frisch gemahlener Pfeffer
2 Zitronen in Scheiben (unbehandelt)
4 EL Olivenöl
2 Zwiebeln
3 Knoblauchzehen
2 EL frische Rosmarinnadeln
4 gehackte Sardellenfilets
Schale und Saft von 3 Zitronen (unbehandelt)
100 g Kapern
etwas Kapernflüssigkeit
400 ml kräftige Hühnerbrühe
1 ½ EL Speisestärke
Salz
3 EL Zucker

1. Hähnchenbrustfilets und Hähnchenkeulen unter fließendem kalten Wasser abspülen, trockentupfen, kräftig pfeffern und mit Zitronenscheiben belegt über Nacht im Kühlschrank durchziehen lassen.

2. Zitronenscheiben entfernen und die Hähnchenbrustfilets in heißem Öl nach und nach von jeder Seite in etwa 5 Minuten knusprig goldbraun braten, herausnehmen. Die Keulen danach von jeder Seite 10–15 Minuten braten. Fleisch herausnehmen und beiseite stellen.

3. Zwiebeln abziehen und in Streifen schneiden, Knoblauch abziehen und fein hacken. Beide Zutaten zusammen mit Rosmarin in dem Bratensatz unter Rühren anbraten. Sardellenfilets und Zitronenschale kurz mitbraten.

4. Mit Zitronensaft, Kapern und Kapernflüssigkeit ablöschen und den Bratensatz unter Rühren mit einem Holzlöffel lösen. Brühe angießen und alles etwa 3 Minuten miteinander sprudelnd verkochen.

5. Speisestärke mit etwas Wasser anrühren und die Sauce damit binden. Mit Salz, Pfeffer und Zucker abschmecken.

6. Die Hähnchenstücke in die Sauce legen und darin bei niedriger Hitze etwa 10 Minuten zugedeckt ziehen lassen.

Beilage: Reis oder Bandnudeln, Erbsen, grüne Bohnen oder Blattsalat.

Tipp

Das Zitronenhuhn kann anstatt mit Zucker mit Honig abgeschmeckt werden. Wer es pikant liebt, kann das Gericht zusätzlich mit etwas Cayennepfeffer würzen.

Hähnchenbrustroulade (Foto)

Zutaten:

4 Hähnchenbrustfilets
(je 150 g)
Salz
frisch gemahlener Pfeffer
4 Eier (Größe M)
1 EL Olivenöl
Salbeiblätter
100 g fein geschnittene
italienische Mortadella
1 EL Olivenöl
30 g Butter
200 ml trockener
Weißwein
dunkler Saucenbinder

1. Hähnchenbrustfilets abspülen, trockentupfen, aufschneiden und wie ein Buch aufklappen. Leicht auf eine gleichmäßige Dicke klopfen, salzen und pfeffern.

2. In einer großen beschichteten Pfanne aus den verschlagenen, mit Salz und Pfeffer gewürzten Eiern in dem Öl ein Omelette zubereiten.

3. Omelette in 4 Stücke schneiden, auf die Hähnchenbrust geben, darauf die Salbeiblätter verteilen und zuletzt die Mortadella darüber legen. Hähnchenbrust aufrollen und mit Küchengarn zusammenbinden, salzen und pfeffern.

4. Die Rouladen bei mittlerer Hitze im Öl und der Butter goldbraun anbraten (etwa 10 Minuten), dann bei kleiner Hitze bei geschlossenem Deckel in etwa 25 Minuten fertig garen, dabei nach und nach den Weißwein zugießen. Die Rouladen herausnehmen und warm stellen. Den Bratensatz evtl. mit Wasser ergänzen, mit dem Saucenbinder binden und mit Salz und Pfeffer abschmecken. Die Rouladen in Scheiben schneiden und mit der Sauce servieren.

Beilage: Salz oder Reis und Möhrengemüse.

Hähnchen mit Kräuterfüllung

Zutaten:

100 g gekochter
Schinken
1 Bund glatte Petersilie
1 Pck. Kresse
1 Bund Schnittlauch
1 Ei (Größe M)
4 EL Semmelbrösel
Salz
frisch gemahlener Pfeffer
1 küchenfertiges
Hähnchen (etwa 1,2 kg)
1 TL Paprika edelsüß
40 g zerlassene Butter

1. Schinken in Würfel schneiden. Petersilie und Kresse abspülen, trockentupfen und fein hacken. Schnittlauch abspülen und klein schneiden. Die vier Zutaten mit Ei verrühren, Semmelbrösel unterrühren, mit Salz und Pfeffer würzen.

2. Hähnchen abspülen, trockentupfen, innen und außen mit Salz und Pfeffer einreiben. Die Füllung hineingeben, die Öffnung zunähen, das Hähnchen mit der Brust nach unten in eine feuerfeste Form legen.

3. Paprika mit Butter verrühren, das Hähnchen mit etwa der Hälfte der Butter bestreichen. Die Form ohne Deckel auf dem Rost in den Backofen schieben.

Ober-/Unterhitze:
etwa 200 °C (vorgeheizt)
Heißluft:
etwa 180 °C (nicht vorgeheizt)
Gas: Stufe 3–4 (nicht vorgeheizt)
Bratzeit: etwa 60 Minuten.

4. Etwa 20 Minuten vor Beendigung der Bratzeit das Hähnchen wenden, mit der restlichen Butter bestreichen.

Coq au Riesling – Huhn in Weißwein (6 Portionen)

Zutaten:

4 Hähnchenkeulen
4 Hähnchenbrustfilets
Salz
frisch gemahlener Pfeffer
4 EL Speiseöl
150 g durchwachsener Speck
1 Gemüsezwiebel
200 g Möhren
200 g Knollensellerie
200 g Porree
200 ml Weißwein (Riesling)
200 ml Geflügelfond oder -brühe
200 ml Schlagsahne
1 TL Thymianblättchen

1. Hähnchenkeulen und Hähnchenbrustfilets unter fließendem kalten Wasser abspülen, trockentupfen, salzen, pfeffern und in heißem Öl von allen Seiten kross anbraten, herausnehmen.

2. Speck in Streifen schneiden, Gemüsezwiebel abziehen, halbieren oder vierteln und in Streifen schneiden. Das Gemüse putzen, Möhren und Sellerie schälen, Porree längs einschneiden. Das Gemüse waschen und in etwa 5 cm lange Streifen schneiden.

3. Speck-, Zwiebel- und Gemüsestreifen in das Bratfett geben, andünsten, mit Wein und Geflügelfond ablöschen, die Keulen zugeben, nach 20 Minuten Garzeit die Filets zugeben und etwa 10 Minuten mitgaren. Fleisch und Gemüse mit einer Schaumkelle herausnehmen und warm stellen.

4. Bratenfond mit Sahne auffüllen, mit Salz, Pfeffer und Thymian würzen und etwas einkochen lassen. Die Sauce sollte eine leicht cremige Konsistenz erhalten. Zu den Hähnchenkeulen und -brüsten servieren.

Beilage: Ofenwarmes Baguette oder Reis.

Veränderung: Anstatt der Hähnchenkeulen und Hähnchenbrustfilets kann auch ein Hähnchen von etwa 1,5 kg verwendet werden. Das Hähnchen wird dann, nachdem es gewaschen und trockengetupft ist, in 8 Stücke geschnitten.

Rosmarinhähnchen

Zutaten:

1 großes, küchenfertiges
Hähnchen (1,2 kg)
Salz
frisch gemahlener Pfeffer
Paprika edelsüß
4 EL Olivenöl
125 ml (⅛ l) Weißwein
125 ml (⅛ l)
Fleischbrühe
4 Knoblauchzehen
1 Zweig Rosmarin
850 g Tomaten
(aus der Dose)
2 EL Tomatenmark
Cayennepfeffer
1 TL Zucker oder Honig

1. Hähnchen unter fließendem kalten Wasser abspülen, trockentupfen und in acht Portionsstücke teilen, mit Salz, Pfeffer und Paprika würzen.

2. Öl in einer großen Pfanne erhitzen, Hähnchenteile darin von allen Seiten braun anbraten. Wein und Brühe hinzugießen.

3. Knoblauch abziehen und fein würfeln. Rosmarin abspülen, trockentupfen und die Nadeln fein hacken. Beide Zutaten, Tomaten mit der Flüssigkeit und Tomatenmark hinzufügen. Tomaten nach Belieben etwas zerdrücken und mit Salz, Pfeffer, Cayennepfeffer und Zucker oder Honig würzen. Das Fleisch in etwa 40 Minuten bei schwacher Hitze gar schmoren lassen.

Beilage: Nudeln und Paprikasalat.

Gefüllte Putenschnitzel

Zutaten:

2 Putenschnitzel mit eingeschnittenen Taschen (je 350 g)
Salz
weißer Pfeffer
Paprika edelsüß

Für die Füllung:
75 g Zucchini
1 Bund Basilikum
150 g Schafskäse
200 g Crème-Champignons
30 g Butterschmalz
40 g Weizenmehl

Für die Sauce:
etwas Wasser oder Weißwein
1 Becher (150 g) Crème fraîche
1 EL Tomatenmark
Cayennepfeffer
gerebeltes Basilikum

1. Putenschnitzel unter fließendem kalten Wasser abspülen, trockentupfen, mit Salz, Pfeffer und Paprika bestreuen.

2. Für die Füllung Zucchini putzen, waschen und in kleine Würfel schneiden. Basilikum abspülen, trockentupfen, die Blätter von den Stängeln zupfen und in feine Streifen schneiden. Beide Zutaten mit Schafskäse gut verrühren, mit wenig Salz und Pfeffer würzen. Die Masse in die beiden Putenschnitzel füllen, die Schnitzel mit Holzspießchen zustecken oder zunähen.

3. Crème-Champignons mit Küchenpapier abreiben, evtl. abspülen, trockentupfen und in Scheiben schneiden. Butterschmalz in einer Pfanne zerlassen, Putenschnitzel mit Mehl bestäuben, von beiden Seiten darin etwa 15 Minuten braten. Die Champignons nach 10 Minuten Bratzeit zugeben und mitbraten. Die garen Schnitzel und die Champignons herausnehmen und warm stellen.

4. Für die Sauce den Bratensatz mit etwas Wasser oder Weißwein ablöschen, mit Crème fraîche, Tomatenmark und Cayennepfeffer verrühren, mit Salz, Pfeffer und Basilikum würzen und erhitzen. Die Schnitzel in Scheiben schneiden, auf einer Platte mit den Champignons anrichten und die Sauce dazu reichen.

Beilage: Kräuterkartoffeln, Spätzle, verschiedene Blattsalate, Paprikasalat, Baguette mit Kräuterbutter.

Tipp

Anstatt Schafskäse kann auch Ziegenkäse verwendet werden.

Zutaten:

4 flache, dünne Scheiben Putenschnitzel (je 125 g)
Salz
frisch gemahlener Pfeffer
12 dünne Scheiben Frühstücksspeck
1 Bund frischer Salbei
Speiseöl
grober Pfeffer

Puten-Salbei-Spieße (4 Spieße)

1. Die Putenschnitzel unter fließendem kalten Wasser abspülen, trockentupfen, mit wenig Salz und Pfeffer bestreuen und mit je 3 Scheiben Frühstücksspeck belegen.

2. Den Salbei abspülen, Blättchen von den Stängeln zupfen und auf den Putenschnitzeln verteilen.

3. Die Schnitzel von der langen Seite her aufrollen, jedes Schnitzel schräg in 4 gleich große Stücke schneiden, auf je einen Metallspieß stecken und mit Öl bestreichen. Die Spieße auf dem heißen Grillrost von jeder Seite etwa 5 Minuten grillen und mit grobem Pfeffer bestreuen.

Beilage: Grüner Nudelsalat, Stangenweißbrot.

Veränderung: Die Putenschnitzel mit je 1–2 EL Pesto (aus dem Glas) bestreichen und mit je 1–2 gehackten, getrockneten, in Öl eingelegten Tomaten (aus dem Glas) bestreuen und aufrollen. Oder die Schnitzel dünn mit mittelscharfem Senf bestreichen und 100 g gewürztes Mett oder feine Bratwurstmasse darauf verteilen und aufrollen.

Tipp

Die Spieße können auch unter dem Backofengrill oder in der Bratpfanne zubereitet werden.

Zutaten:

100 g Backpflaumen (ohne Stein)
50 ml Sherry (Fino)
1 küchenfertige Babypute (2 kg)
Salz
frisch gemahlener Pfeffer
1 TL gerebelter Thymian
1 TL Rosmarin
1 EL abgeriebene Zitronenschale (unbehandelt)
2 Knoblauchzehen
4 EL Olivenöl
50 g Schinkenspeckscheiben
1 Zwiebel
300 g gut gewürztes Bratwurstbrät
1 Ei (Größe M)
1 Eigelb (Größe M)
2–3 EL Semmelbrösel
1 Msp. Cayennepfeffer
2 EL gehackte Petersilie
100 g fetter Speck
6 große Scheiben luftgetrockneter Schinken
Wasser und Weißwein zum Ablöschen
dunkler Saucenbinder
Honig
Zitronensaft
Cayennepfeffer

Pute, gefüllt mit Sherry-Pflaumen (6 Portionen)

1. Backpflaumen in Sherry einweichen. Babypute unter fließendem kalten Wasser abspülen, trockentupfen und kräftig salzen und pfeffern.

2. Thymian mit Rosmarin, Zitronenschale und den abgezogenen Knoblauchzehen in einen Mörser geben und zerreiben. Gewürze mit Olivenöl verrühren und die Babypute damit innen und außen kräftig einstreichen.

3. Schinkenspeck in kleine Würfel schneiden. Zwiebel abziehen und fein hacken. Bratwurstbrät mit Schinkenspeck- und Zwiebelwürfeln, Ei, Eigelb, den klein geschnittenen Backpflaumen mit der Flüssigkeit in einer Schüssel gut vermischen. Je nach Bedarf mit einigen Semmelbröseln binden, mit Salz, Pfeffer und Cayennepfeffer kräftig würzen.

4. Petersilie unter die Masse geben und in die Babypute füllen. Mit Küchengarn zunähen oder mit Holzspießchen zustecken. Speck in Würfel schneiden und in einen Bräter geben.

5. Putenbrust mit Schinken belegen und die Pute in den Bräter setzen, auf dem Rost in den Backofen schieben.

Ober-/Unterhitze:
180–200 °C (vorgeheizt)
Heißluft:
160–180 °C (nicht vorgeheizt)
Gas:
etwa Stufe 3 (nicht vorgeheizt)
Garzeit: etwa 2 Stunden.

6. Während der Garzeit öfter mit etwas Wasser und Weißwein ablöschen. Den Bratenfond evtl. noch mit Wasser oder Weißwein auffüllen, mit Saucenbinder binden und mit Honig, Zitronensaft, Salz, Pfeffer und Cayennepfeffer abschmecken. Die Sauce zu der Pute reichen.

Beilage: Salzkartoffeln, Gemüse- oder Salatplatte.

Putenbrust mit Gemüsefüllung

Zutaten:

1 kg Putenbrustfilet
Salz
frisch gemahlener Pfeffer
750 g Broccoli
500 g Möhren
500 ml (½ l) Wasser
50 g abgezogene, gemahlene Mandeln
1 Ei (Größe M)
geriebene Muskatnuss
8 Scheiben (etwa 100 g) Frühstücksspeck (Bacon)
2 Zwiebeln
3 Möhren (etwa 200 g)
250 ml (¼ l) Wasser
1 Becher (125 g) Crème double
Paprika edelsüß
1 EL gehackte Basilikumblättchen
30 g Butter

1. Putenbrust unter fließendem kalten Wasser abspülen, trockentupfen, längs eine Tasche einschneiden, das Fleisch innen und außen mit Salz und Pfeffer einreiben.

2. Broccoli putzen, waschen, in Röschen teilen, die Stiele schälen und in Stücke schneiden. Möhren putzen, schälen, waschen, in Scheiben schneiden. Gemüse in kochendes Salzwasser geben, 5–6 Minuten bissfest kochen lassen. Auf ein Sieb geben (Flüssigkeit auffangen).

3. Knapp die Hälfte des Gemüses pürieren, Mandeln und Ei unterrühren, mit Salz, Pfeffer und Muskat würzen, Putenbrust damit füllen, die Öffnung zunähen. Putenbrust mit Speckscheiben umlegen, in eine gefettete Fettfangschale legen.

4. Zwiebeln abziehen, würfeln. Möhren putzen, schälen, waschen, in grobe Würfel schneiden. Gemüsewürfel mit in die Fettfangschale legen, auf der untersten Schiene in den Backofen schieben.

Ober-/Unterhitze:
180–200 °C (vorgeheizt)
Heißluft:
160–180 °C (nicht vorgeheizt)
Gas:
etwa Stufe 3 (nicht vorgeheizt)
Bratzeit: 1–1 ¼ Stunden.

5. Nach und nach etwas Wasser hinzufügen. Das gare Fleisch auf eine Platte legen, abgedeckt etwa 10 Minuten ruhen lassen.

6. Bratensatz zunächst mit etwas Wasser loskochen, durch ein Sieb streichen, etwas einkochen lassen. Crème double unterrühren, erhitzen, Sauce mit Salz, Pfeffer und Paprika abschmecken. Basilikumblättchen unterrühren.

7. Butter in einem Topf zerlassen, das restliche Gemüse darin erhitzen, mit Salz, Pfeffer und Muskat abschmecken und mit der Sauce zu dem Fleisch servieren.

Beilage: Spätzle oder Bandnudeln.

Putenoberkeule

Zutaten:

4 EL Speiseöl
1 Putenoberkeule (mit Knochen, etwa 1 kg)
200 g durchwachsener Speck
Salz
frisch gemahlener Pfeffer
1 l heißes Wasser
500 g kleine Zwiebeln
200 g Möhren
1 kleine Petersilienwurzel
1 Stange Porree (Lauch)
200 g Knollensellerie
250 g Tomaten
100 g saure Sahne
1–2 EL Weizenmehl
Rosmarinnadeln

1. Öl in eine Rostbratpfanne geben, in den Backofen schieben und erhitzen. Putenoberkeule unter fließendem kalten Wasser abspülen und trockentupfen.

2. Speck in Streifen schneiden, die Unterseite der Keule damit spicken oder den Speck in die Fettfangschale legen, die Keule salzen und pfeffern und in die Fettfangschale (evtl. auf den Speck) legen.

Ober-/Unterhitze:
200–220 °C (vorgeheizt)
Heißluft:
180–200 °C (vorgeheizt)
Gas: etwa Stufe 4 (vorgeheizt)
Garzeit: etwa 70 Minuten.

3. Sobald der Bratensatz bräunt, etwas heißes Wasser hinzugießen. Die Putenkeule ab und zu mit dem Bratensatz begießen, verdampfte Flüssigkeit nach und nach ersetzen.

4. Zwiebeln abziehen und nach 40 Minuten Bratzeit zu der Keule legen. Möhren putzen, schälen, waschen und klein schneiden. Petersilienwurzel putzen und waschen.

5. Porree putzen, halbieren, waschen und in Streifen schneiden. Sellerie putzen, unter fließendem kalten Wasser abspülen, schälen und grob würfeln. Von den Tomaten die Stängelansätze entfernen. Das Gemüse zu den Zwiebeln geben, mitbraten lassen, salzen und pfeffern.

6. Die gare Putenoberkeule mit dem Gemüse auf einer vorgewärmten Platte anrichten und warm stellen.

7. Den Bratensatz mit Wasser loskochen und durch ein Sieb geben. Sahne mit Mehl anrühren, den Bratensatz damit binden. Die Sauce mit Salz und Pfeffer abschmecken.

8. Gemüse mit Rosmarin bestreut servieren.

Beilage: Salzkartoffeln.

Gerichte mit Ente & Gans & Wildgeflügel

Zutaten:

4 Entenkeulen
Salz
frisch gemahlener Pfeffer
400 g rote Zwiebeln
500 g kleine, fest kochende Kartoffeln
2 EL Speiseöl
etwa 100 ml Rotwein
etwa 100 ml Geflügelbrühe
1 EL Honig

Entenkeulen auf Honig-Rotwein-Zwiebeln

1. Entenkeulen unter fließendem kalten Wasser abspülen, trockentupfen, salzen und pfeffern.

2. Rote Zwiebeln abziehen und achteln.

3. Ungeschälte Kartoffeln unter fließendem Wasser gründlich reinigen.

4. Öl in einem Bräter erhitzen, Entenkeulen darin anbraten. Zwiebelstücke und Kartoffeln dazugeben, 20 Minuten mitbraten lassen.

5. Danach mit Rotwein und Geflügelbrühe ablöschen, den Bräter in den Backofen schieben und schmoren lassen. Sollte zuviel Flüssigkeit verdampfen, noch etwas Rotwein oder Geflügelbrühe zugeben.

Ober-/Unterhitze:
etwa 180 °C (vorgeheizt)
Heißluft:
etwa 160 °C (vorgeheizt)
Gas: Stufe 2–3 (vorgeheizt)
Schmorzeit: 30–40 Minuten.

6. Gelegentlich umrühren, zum Schluss mit Salz, Pfeffer und Honig abschmecken.

Beigabe: Bratkartoffeln und Salat.

Tipp

Anstatt mit Entenkeulen kann das Gericht auch mit Hähnchenkeulen zubereitet werden.

Flugente mit Thymian

Zutaten:

1 kg kleine gleich große Kartoffeln
3 EL Thymianblättchen
1 TL gehackte Rosmarinnadeln
Salz
2 EL Olivenöl
1 küchenfertige Flugente (etwa 1,2 kg)
2 mittelgroße Zwiebeln
heißes Wasser
Thymianzweige

1. Kartoffeln waschen, mit Salzwasser bedeckt zum Kochen bringen. In etwa 20 Minuten gar kochen lassen, abgießen und sofort pellen.

2. Mit Thymianblättchen, Rosmarinnadeln und Salz bestreuen. Mit Olivenöl beträufeln.

3. Flugente unter fließendem kalten Wasser abspülen, trockentupfen, innen und außen mit Salz einreiben und mit einem Teil der Kräuterkartoffeln füllen.

4. Die Ente mit dem Rücken nach unten in einen mit Wasser ausgespülten Bratentopf legen. Auf dem Rost in den Backofen schieben.

Ober-/Unterhitze:
200–220 °C (vorgeheizt)
Heißluft:
180–200 °C (nicht vorgeheizt)
Gas:
etwa Stufe 4 (nicht vorgeheizt)
Bratzeit: 1 ½–1 ¾ Stunden.

5. Zwiebeln abziehen, vierteln und zu der Ente geben. Während des Bratens ab und zu unterhalb der Flügel und Keulen in die Ente stechen, damit das Fett ausbraten kann. Nach etwa 30 Minuten Bratzeit das angesammelte Fett abschöpfen. Sobald der Bratensatz bräunt, etwas heißes Wasser hinzugießen. Die Ente ab und zu mit dem Bratensatz begießen. Verdampfte Flüssigkeit ersetzen.

6. Etwa 15 Minuten vor Beendigung der Bratzeit die restlichen Kartoffeln zu der Ente geben, kurz mitbraten lassen.

7. Die gare Ente mit den Kartoffeln auf einer vorgewärmten Platte anrichten, mit Thymianzweigen garnieren. Den Bratensatz getrennt dazu reichen.

Beilage: Rotkohl, Rosenkohl oder grüne Bohnen.

Tipp

Das Gericht kann auch mit einer normalen Ente zubereitet werden.

Entenbrust mit Wirsing-Möhren-Gemüse und Herzoginkartoffeln

Zutaten:

Für die Herzoginkartoffeln:
500 g gegarte, heiße Salzkartoffeln
1 Eigelb (Größe M)
20 g zerlassene Butter
Salz
geriebene Muskatnuss
1 Eigelb (Größe M)
2 TL Milch

Für die Entenbrust:
2 küchenfertige Entenbrüste (je etwa 300 g)
2 EL Speiseöl
frisch gemahlener Pfeffer
2 EL Zucker
125 ml (⅛ l) Portwein
2 TL Speisestärke

Für das Wirsing-Möhren-Gemüse:
½ Kopf Wirsing (etwa 500 g)
300 g Möhren
2 EL Butter
Salz
frisch gemahlener Pfeffer
geriebene Muskatnuss
1 Becher (150 g) Crème fraîche

1. Für die Herzoginkartoffeln Kartoffeln heiß durch eine Kartoffelpresse geben und erkalten lassen. Eigelb und Butter unterrühren, mit Salz und Muskat würzen.

2. Masse in einen Spritzbeutel mit großer Sterntülle füllen und kleine Tuffs auf ein gefettetes Backblech spritzen. Dabei Platz für die Auflaufform lassen. Eigelb mit Milch verschlagen, die Tuffs damit bestreichen und in den Backofen schieben.

Ober-/Unterhitze:
etwa 180 °C (vorgeheizt)
Heißluft:
etwa 160 °C (vorgeheizt)
Gas: Stufe 2–3 (vorgeheizt)
Backzeit: 20–30 Minuten.

3. Entenbrust auf der Fettseite kreuzweise einschneiden, die Fleischseite mit Öl bestreichen. Mit der Fleischseite zuerst in einer Pfanne auf beiden Seiten je 2 Minuten scharf anbraten. Entenbrust mit Pfeffer und Salz würzen und mit der Fettseite nach oben in eine feuerfeste Form legen.

4. Zucker in der Pfanne karamellisieren lassen, mit Portwein ablöschen und solange rühren, bis der Zucker gelöst ist. Fond zur Entenbrust in die Form geben, mit Alufolie abdecken und nach etwa der Hälfte der Backzeit zu den Kartoffeln in den Backofen schieben.

5. Für das Gemüse Wirsing putzen und vierteln. Den Strunk entfernen, Kohl in Streifen schneiden, waschen und abtropfen lassen. Möhren putzen, schälen und in dünne Stifte schneiden. Butter in einem Topf zerlassen, Gemüse darin etwa 10 Minuten dünsten, mit Salz, Pfeffer und Muskat würzen. Crème fraîche unterrühren und alles 5–10 Minuten weiterdünsten.

6. Entenbrust aus der Form nehmen, in Alufolie wickeln und 5–10 Minuten ruhen lassen. Fond mit angerührter Speisestärke binden und warm stellen.

7. Entenbrust in Scheiben schneiden, mit Gemüse, Kartoffeln und Sauce auf vorgewärmten Tellern anrichten.

Gegrillte Entenbrustspieße

Zutaten:

700 g Entenbrustfilet
2 gelbe Paprikaschoten
Salz
frisch gemahlener Pfeffer
2 abgezogene Knoblauchzehen
gerebelter Thymian

1. Entenbrustfilet unter fließendem kalten Wasser abspülen, trockentupfen, der Länge nach halbieren und in 3 cm große Stücke schneiden.

2. Paprikaschoten vierteln, entkernen und weiße Scheidewände entfernen. Schoten waschen und in 3 cm große Stücke teilen.

3. Entenbrust und Paprika abwechselnd auf Spieße stecken, darauf achten, dass die Fettseite der Entenbrust jeweils nach einer Seite zeigt. Die Spieße mit Salz, Pfeffer, zerdrücktem Knoblauch und Thymian würzen.

4. Die Entenbrustspieße auf einen mit Alufolie belegten Grillrost legen und unter dem vorgeheizten Grill etwa 20 Minuten grillen (die Hautseite nach oben).

Tipp

Die Entenbrustspieße mit frischem Tomatensalat und Baguette servieren.

Zutaten:

etwa 1 ½ kg Gänsebrust (mit Knochen)
Salz
8 Wacholderbeeren
2 Lorbeerblätter
1 Zwiebel
2 Möhren
1 Stange Porree (Lauch)
1 säuerlicher Apfel
250 ml (¼ l) heißes Wasser
1–2 EL Weizenmehl
3 EL kaltes Wasser

Gepökelte, gebratene Gänsebrust

1. Gänsebrust unter fließendem kalten Wasser abspülen und trockentupfen. Die Gänsebrust mit Salz einreiben.

2. Wacholderbeeren zerdrücken, Lorbeerblätter in Stücke brechen. Die Gänsebrust mit den Wacholderbeeren und den Lorbeerblättern in eine Schüssel geben, zugedeckt 3-4 Tage in den Kühlschrank stellen, die Gänsebrust täglich wenden.

3. Die Gänsebrust waschen, abtrocknen und in eine mit Wasser ausgespülte Fettfangschale legen.

4. Zwiebel abziehen, vierteln, Möhren und Porree putzen, Möhren schälen, beide Zutaten waschen und in Stücke schneiden. Apfel schälen, vierteln und entkernen. Zwiebelviertel, Möhren- und Lauchstücke und Apfelviertel um die Gänsebrust legen. Die Fettfangschale in den Backofen schieben.

Ober-/Unterhitze:
200–220 °C (vorgeheizt)
Heißluft:
180–200 °C (nicht vorgeheizt)
Gas:
etwa Stufe 4 (nicht vorgeheizt)
Bratzeit: 1 ¼ –1 ½ Stunden.

5. Sobald der Bratensatz zu bräunen beginnt, etwas von dem Wasser hinzugießen. Die Gänsebrust ab und zu mit dem Bratensatz begießen. Verdampfte Flüssigkeit nach und nach ersetzen, ab und zu das Fett abschöpfen. Die gare Gänsebrust auf einer Platte anrichten und warm stellen.

6. Für die Sauce den Bratensatz durch ein Sieb gießen und entfetten, nach Belieben das Gemüse durch ein Sieb streichen, evtl. mit Wasser auffüllen. Mehl mit Wasser anrühren, unter die Flüssigkeit rühren, zum Kochen bringen, etwa 5 Minuten kochen lassen. Die Sauce mit Salz und Pfeffer abschmecken.

Beilage: Kartoffelklöße, Rotkohl.

Gänsebraten Bismarck (8 Portionen)

Zutaten:

1 Gans (etwa 4 kg)
Salz
frisch gemahlener Pfeffer

Für die Füllung:
500 g Weißkohl
3 Zwiebeln
40 g Schweineschmalz
gehackter Kümmel
gerebelter Majoran
gerebelter Beifuß
Salz
frisch gemahlener Pfeffer
300 g Bratwurstbrät
4 große Äpfel,
z. B. Boskop
250 ml (¼ l) Weißwein
300 ml Geflügelfond
½ EL zerkleinerte Wacholderbeeren
2 EL Weizenmehl
2–3 EL kaltes Wasser
250 g Maronen (aus der Dose)
1 EL Speiseöl
1 EL Zucker
100 ml Geflügelfond

1. Die Gans unter fließendem kalten Wasser gründlich abspülen, trockentupfen, innen und außen mit Salz und Pfeffer einreiben.

2. Für die Füllung den Weißkohl von den schlechten, äußeren Blättern befreien. Den Kohl vierteln, den Strunk herausschneiden, den Kohl waschen, abtropfen lassen und in Streifen schneiden.

3. Die Zwiebeln abziehen und in feine Würfel schneiden. Das Schweineschmalz zerlassen, den Weißkohl und die Zwiebeln darin andünsten, mit Kümmel, Majoran, Beifuß, Salz und Pfeffer würzen. Den Weißkohl abkühlen lassen, mit dem Bratwurstbrät vermengen.

4. Die Äpfel schälen, vom Kerngehäuse befreien, in kleine Stückchen schneiden, unter den Kohl mischen. Die Füllung in die Gans geben, zunähen oder mit Holzstäbchen verschließen. Die Gans mit der Brust nach unten auf den Rost auf eine mit Wasser ausgespülte Fettfangschale legen, auf der unteren Schiene in den Backofen schieben.

Ober-/Unterhitze:
etwa 200 °C (vorgeheizt)
Heißluft:
etwa 180 °C (nicht vorgeheizt)
Gas: Stufe 3–4 (nicht vorgeheizt)
Bratzeit: etwa 3 ½ Stunden.

5. Während des Bratens ab und zu unterhalb der Flügel und Keulen in die Gans stechen, damit das Fett besser ausbraten kann. Nach 45 Minuten das angesammelte Fett abschöpfen. Weißwein und Geflügelfond nach und nach zugießen. Wacholderbeeren dazugeben, weiterbraten lassen. Die Gans immer wieder mit dem Bratensatz begießen, nach etwa 1 ½ Stunden Bratzeit die Gans wenden.

6. Die gare Gans in Portionsstücke teilen und warm stellen. Den Bratensatz mit heißem Wasser loskochen, das Fett abschöpfen. Mehl mit Wasser anrühren, die Sauce damit binden, mit Salz, Pfeffer und Majoran abschmecken.

7. Die Maronen abtropfen lassen. Das Öl in einer Pfanne erhitzen, den Zucker gleichmäßig hineinstreuen und bräunen lassen. Die Maronen hinzufügen, von allen Seiten mit dem Karamell überziehen. Den Geflügelfond zugeben und die Maronen im Geflügelfond etwa 5 Minuten dünsten, mit der Sauce zu dem Gänsebraten servieren.

Beilage: Rotkohl, Kartoffelklöße.

Fasan vom Grillspieß (Foto)

Zutaten:

2 küchenfertige Fasane
(je 1 kg)
Salz
Zwiebelpulver
6–8 zerdrückte
Wacholderbeeren
4 EL Speiseöl
4 Äpfel
10 g Butter
4 EL Preiselbeerkompott
Petersilie

1. Fasane abspülen und trockentupfen. Innen mit Salz und Zwiebelpulver einreiben. In die Fasane die Wacholderbeeren geben.

2. Fasane mit Öl bestreichen, hintereinander auf den Grillspieß stecken, in den vorgeheizten Grill setzen und etwa 45 Minuten grillen.

3. Äpfel waschen und abtrocknen. Von jedem Apfel einen Deckel abschneiden. Äpfel in eine flache, mit Butter ausgefettete Auflaufform setzen, in den Backofen schieben.

Ober-/Unterhitze:
etwa 200 °C (vorgeheizt)
Heißluft: etwa 180 °C (vorgeheizt)
Gas: Stufe 3–4 (vorgeheizt)
Backzeit: etwa 20 Minuten.

4. Die Fasane mit den Äpfeln auf einer Platte anrichten. Auf jeden Apfel einen Esslöffel Preiselbeerkompott geben.

5. Petersilie waschen, trockentupfen und die Fasane damit dekorieren.

Beilage: Sauerkraut (evtl. mit Weintrauben) und Kartoffelkroketten.

Fasanenbrust auf Linsen

Zutaten:

300 g Linsen
500 ml (½ l)
Gemüsebrühe
4 Fasanenbrustfilets
Salz
frisch gemahlener Pfeffer
100 g Knollensellerie
1 Stange Porree (Lauch)
1 Möhre
2 Schalotten
60 g Butter
evtl. etwas Wasser
150 g (1 Becher)
Crème fraîche
Sherry-Essig
Zucker
2 EL gehackte Petersilie

1. Linsen 2–3 Stunden einweichen, Einweichwasser abgießen. Linsen in 500 ml (½ l) Gemüsebrühe zum Kochen bringen, 25 Minuten kochen, abgießen.

2. Fasanenbrustfilets unter fließendem kalten Wasser abspülen, trockentupfen, salzen und pfeffern.

3. Gemüse putzen, Möhre und Sellerie schälen, alle Zutaten waschen, würfeln oder in Streifen schneiden, in der Hälfte der Butter 10–15 Minuten dünsten, evtl. einige Esslöffel Wasser zugeben.

4. Crème fraîche unterrühren, mit Essig, Pfeffer, Salz, Zucker und Petersilie würzen.

5. Filets in der restlichen Butter in einer Bratpfanne mit feuerfestem Griff kurz anbraten, mit Salz und Pfeffer bestreuen, in den Backofen schieben.

Ober-/Unterhitze:
etwa 200 °C (vorgeheizt)
Heißluft: etwa 180 °C (vorgeheizt)
Gas: Stufe 3–4 (vorgeheizt)
Backzeit: 8–10 Minuten.

6. Etwa 5 Minuten ruhen lassen, auf dem Gemüse und den Linsen anrichten.

Beilage: Spätzle oder Bandnudeln.

Gebratene Geflügelleber

(2 Portionen)

Zutaten:

1 rote Paprikaschote
1 gelbe Paprikaschote
2 Bund
Frühlingszwiebeln
2 Knoblauchzehen
500 g Geflügelleber
60 g Butterschmalz
50 ml Wermut
(Noilly Prat)
150 g (1 Becher)
Crème fraîche
Salz
frisch gemahlener Pfeffer
1 Zweig Salbei

1. Paprikaschoten waschen, halbieren, entkernen und die weißen Scheidewände entfernen. Paprika waschen und in Würfel schneiden.

2. Frühlingszwiebeln putzen, waschen und in 2 cm große Stücke schneiden. Knoblauch abziehen und zerdrücken.

3. Geflügelleber unter fließendem kalten Wasser abspülen, trockentupfen, von den Sehnen befreien und grob zerkleinern. Butterschmalz in einer Pfanne erhitzen, Geflügelleber darin anbraten, herausnehmen und warm stellen.

4. Paprika im restlichen Bratenfett kurz andünsten, Frühlingszwiebeln und Knoblauch hinzufügen, ebenfalls kurz andünsten. Mit Wermut ablöschen. Crème fraîche hinzufügen, etwa 3 Minuten schwach kochen lassen.

5. Leber unterheben, mit Salz, Pfeffer und fein geschnittenem Salbei würzen.

Gebratene Tauben

Zutaten:

4 küchenfertige Tauben
Salz
1 EL Butter
heißes Wasser
3 EL saure Sahne
200 g grüne Weintrauben
etwas Weizenmehl
kaltes Wasser
frisch gemahlener Pfeffer

1. Tauben unter fließendem kalten Wasser abspülen, trockentupfen, innen mit Salz einreiben.

2. Magen, Herz und Leber säubern, waschen, mit der Butter in die Bäuche geben, die Beine zusammenbinden.

3. Die Tauben in die mit Wasser ausgespülte Rostbratpfanne legen, in den Backofen schieben.

Ober-/Unterhitze:
200–220 °C (vorgeheizt)
Heißluft:
180–200 °C (nicht vorgeheizt)
Gas:
etwa Stufe 4 (nicht vorgeheizt)
Bratzeit: 45–60 Minuten.

4. Sobald der Bratensatz bräunt, etwas von dem Wasser hinzugießen. Die Tauben ab und zu mit dem Bratensatz begießen, verdampfte Flüssigkeit nach und nach ersetzen.

5. Die garen Tauben auf einer vorgewärmten Platte anrichten, warm stellen. Den Bratensatz mit Wasser loskochen. Sahne hinzufügen, nach Belieben mit Flüssigkeit auffüllen und zum Kochen bringen. Die Weintrauben waschen, halbieren, entkernen und in die Sauce geben.

6. Mehl mit Wasser anrühren, den Bratensatz damit binden, die Sauce mit Salz und Pfeffer abschmecken.

Veränderung: Magen, Herz und Leber fein hacken, mit 1 eingeweichten, gut ausgedrückten Stück Weißbrot, 1 Ei, Salz, geriebener Muskatnuss und gehackter Petersilie vermengen, die Füllung in die Tauben geben, zunähen.

Beigabe: Salzkartoffeln, Spätzle, Broccoli mit Mandeln.

Kapitelregister

Fisch mariniert, pochiert oder gebraten

Fisch gegrillt & überbacken

Gerichte mit Hähnchen & Pute

Gerichte mit Ente & Gans & Wildgeflügel

HEYNE KOCHBUCH
07/2027

Herausgeber: Genehmigte Lizenzausgabe für den Wilhelm Heyne Verlag, München, 2001
http://www.heyne.de

Titelgestaltung: Kontur Design GmbH, Bielefeld
Grafisches Konzept: Andrea Kelger, Bielefeld
Gestaltung: MDH Reiner Haselhorst, Bielefeld

Redaktion: Jasmin Gromzik, Miriam Krampitz

Rezeptberatung: Annette Elges, Bielefeld

Fotos: Thomas Diercks, Hamburg
Christiane Pries, Borgholzhausen
Fotostudio Toelle, Bielefeld
Brigitte Wegner, Düsseldorf
Bernd Wohlgemuth, Hamburg

Satz: Typografika, Bielefeld

Reproduktion: Fröbus Firmengruppe, Köln

Druck: Offizin Andersen Nexö, Leipzig

Printed in Germany gedruckt in leipzig

ISBN 3-453-19105-6